Das etwas andere Gesangbuch

Das etwas andere
Gesangbuch

von Peter Spangenberg

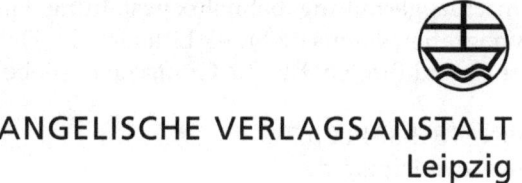

EVANGELISCHE VERLAGSANSTALT
Leipzig

Für Mareile und Robert Knipp

Bibliographische Information der Deutschen Nationalbibliothek
Die Deutsche Nationalbibliothek verzeichnet diese Publikation in der
Deutschen Nationalbibliographie; detaillierte bibliographische Daten
sind im Internet über http://dnb.dnb.de abrufbar.

5. Auflage 2025
© 2004 by Evangelische Verlagsanstalt GmbH · Leipzig
Printed in Germany · H 6910

Das Werk einschließlich aller seiner Teile ist urheberrechtlich geschützt. Jede Verwertung außerhalb der Grenzen des Urheberrechtsgesetzes ist ohne Zustimmung des Verlags unzulässig und strafbar. Das gilt insbesondere für Vervielfältigungen, Übersetzungen, Mikroverfilmungen und die Einspeicherung und Verarbeitung in elektronischen Systemen.

Das Buch wurde auf alterungsbeständigem Papier gedruckt.

Umschlaggestaltung: behnelux gestaltung, Halle/Saale
Typografie: Notensatz Frank Litterscheid, Hehlen
Druck und Binden: BELTZ Grafische Betriebe GmbH, Bad Langensalza

ISBN 978-3-374-02167-3
www.eva-leipzig.de

Inhalt

9 Zur Einstimmung

11 Lieder zu Lob und Hoffnung

31 Lieder zum Leben als Christ

61 Lieder zum Bekenntnis des christlichen Glaubens

67 Lieder zum Kirchenjahr

77 Lieder zum Lauf des Lebens

93 Lieder zum Morgen und zum Abend

Zur Einstimmung

„Bis orat qui cantat", schrieb Augustinus: „Doppelt betet, wer singt."
Deshalb spiegelt sich in der singenden Christenheit das lebendige Bewusstsein des Glaubens wider. Rund um den Erdball singen die Christen und begleiten ihre Lieder mit den verschiedensten Instrumenten, Tänzen und Gebärden. Ob Arien oder Choral, Solostimme oder Chormusik – auf der ganzen Welt besteht ein ungeheurer Reichtum an Liedgut. Das Kirchenlied hat längst ökumenische Bedeutung und internationalen Rang erworben.
Die Liedtexte jedoch sind weithin zeitgebunden, Melodien sind es weniger. Seit vielen Jahren arbeite ich daher daran, neue Texte für alte Melodien zu schreiben. Selbstverständlich lassen sich alte Texte nicht einfach ersetzen. Sie sind oft viel zu kostbar und wurden längst zu Vermächtnis und Schatz. Aber die heutige Generation will auch singen. Das wird in dem Augenblick einfacher, wenn Generationen übergreifende Texte auf bekannten Melodien liegen. Man muss nicht lange üben, sondern kann sofort einstimmen und mitsingen.
„Singt dem Herrn ein neues Lied", heißt es im Psalm. Das Wort „neu" klingt so verführerisch und ist unersetzlich in der Werbebranche: Alles muss neu sein, um „in" zu sein.
Dabei ist doch das Alte selbst oft überraschend neu. Alte, antike Möbel sind auch heute noch gefragt, wenn es ums Einrichten einer Wohnung geht. Neu-Sein ist nicht nur eine Frage des Alters einer Sache: Immer wieder neu ist nur das Lebendige, das Überzeugende. Das Lied kann hierbei einen unschätzbaren Beitrag leisten: Es hilft, den „alten" Glauben lebendig zu halten, bringt Menschen zusammen, überwindet Grenzen, stärkt und verleiht Geborgenheit.
In diesem Sinne soll dies kleine Liederbuch auf eine besondere Reise gehen: in die Gemeinden und in die Herzen von Menschen verschiedener Generationen.
Singender Glaube: Das war, ist und wird immer eine Kraft sein, die die Christenheit trägt.

Peter Spangenberg

Lieder zu Lob und Hoffnung

Wir beten für Vertrauen

Ich bete für den Frieden, ich bete für die Welt. Ich bete für die Müden, die keine Hoffnung hält. Ich bete für die Leisen, für die kein Wort sich regt. Die Zukunft wird beweisen, dass Gottes Hand sie trägt.

2. Ich hoffe für das Leben, / ich hoffe für die Zeit; / für die, die nicht erleben, / dass Menschlichkeit befreit. / Ich hoffe für die Zarten, / für die mit dünner Haut, / dass sie mit mir erwarten, / wie Gott sie unterbaut.

3. Ich singe für die Liebe, / ich singe für den Mut, / damit auch ich mich übe / und meine Hand auch tut, / was mein Gewissen spiegelt, / was mein Verstand mir sagt, / dass unser Wort besiegelt, / was unser Herr gewagt.

4. Ich bete um den Segen, / ich ringe um den Sinn. / Zeig mir auf meinen Wegen / mein Ziel, und wer ich bin. / Ich bete für die Kleinen, / ich hoffe für ihr Recht. / Dein Licht wird ihnen scheinen / voll Gnade und gerecht.

5. Nun nimm, Herr, unser Singen / in deine gute Hut / und füge, was wir bringen, / zu Hoffnung und zu Mut. / Wir beten für Vertrauen, / wir hoffen für den Sinn. / Hilf uns, die Welt zu bauen / noch mal wie zu Beginn.

Melodie: EG 16, „Die Nacht ist vorgedrungen"
Johannes Petzold © Bärenreiter-Verlag, Kassel

Gott bleibt Geheimnis; nur er kann es lüften, wie er es in Christus tat, und doch bleibt mir als Mensch nur übrig, mich mit der Berührung des Saumes zu begnügen.

Erfüll mein Herz mit deinem Geist

1. Er-füll mein Herz mit dei-nem Geist,
der uns zu Trost und Hoff-nung weist
und uns-re har-te, dunk-le Welt
mit dei-nem Glanz und Licht er-hellt.

2. Du guter Gott, schenk uns die Kraft, / die in uns neue Träume schafft / für Heil und Frieden in der Zeit / mit Klängen aus der Ewigkeit.

3. Du leihst uns Wunder in der Zeit / für Freiheit und Gerechtigkeit. / Es ist, Herr Gott, ja dein Advent, / der in uns für die Zukunft brennt.

4. Erfüll mein Herz mit deinem Geist, / der uns zu gutem Leben weist. / Damit uns keine Angst befällt. / Mach uns zu Hütern deiner Welt.

Melodie: EG 6, „Ihr lieben Christen, freut euch nun"

Wir öffnen unsre Hände

1. Das Leben ist für alle nur
eine kleine Frist;
wie eine kleine Schale, die
für dich offen ist.
Wir öffnen unsre Hände
für dich, Herr Jesus Christ,
dass du bis an das Ende
für uns der Weg und Maßstab bist.

2. Für uns ist unser Leben / nur eine kleine Zeit; / geliehen und gegeben / aus deiner Ewigkeit. / Wir öffnen unsre Hände / für dich, Herr Schöpfer Gott. / Trag uns auch durch das Ende, / durch alle Angst und durch den Tod.

3. Für uns sind Leib und Leben / begrenzt wie ein Gewand; / im Wirken und im Weben / kommt es zu Halt und Stand. / Wir öffnen unsre Hände / für dich, Herr Heilger Geist. / Den Engel zu uns sende / der uns den Weg zur Wahrheit weist.

Melodie: EG 243, „Lob Gott getrost mit Singen"

Bewahre, Herr, den Tag

In uns-rer gro-ßen Welt ist un-ser
be-droht und sinn-ver-stellt, ge-fähr-det

gan-zes Le-ben vom Tanz der dunk-len
und um-ge-ben

Zeit, vom Schritt der dunk-len Macht. Komm,

Licht der E-wig-keit in uns-re Angst und Nacht.

2. Bewahre, Herr, den Tag / des neuen tiefen Lebens, / damit ich glauben mag / die Zeit war nicht vergebens. / Gib mir die Tapferkeit, / die Liebe und die Kraft, / die auch die neue Zeit / in neuer Hoffnung schafft.

Melodie: EG 321, „Nun danket alle Gott"

Das Mittelalter kannte die „hilaritas", die Heiterkeit, das Lächeln, das in der Seele geboren wird: die beste Waffe im Kampf gegen das Böse und die Angst.

Solang die Erde noch besteht

1. So-lang ich, Herr, dein Werk be-den-ke bin ich von Dank und Stau-nen voll, denn du machst mir so viel Ge-schen-ke, mit de-nen ich dir die-nen soll. An je-dem Tag, in je-der Stun-de, gibst du mir Kraft und neu-en Mut aus dei-nes Wor-tes fro-her Kun-de. Ja, Herr, dein Werk ist wirk-lich gut.

2. Wenn ich die Zeiten überdenke / und auch die Menschen dieser Welt, / wenn ich mich in die Not versenke / und mich der Zweifel überfällt, / dann fang ich an, von dir zu singen, / von Freiheit aus der Schöpferhand. / So will ich dir dies Loblied bringen / weil ich dein Werk der Liebe fand.

3. Du bist der Gott der neuen Wege / inmitten unsrer Alltagshast. / Was immer auch mein Herz bewege / an großem Glück und großer Last: / Dein Wort geht mit zu allen Zeiten, / im Denken, Tun und im Gebet. / Lass deine Wahrheit weit verbreiten / solang die Erde noch besteht.

Melodie: EG 279, „Jauchzt, alle Lande"

Geh ich durch die große Stadt

1. Herr, geh ich durch die große Stadt
wie gut es deine Erde hat,
und seh an vielen Dingen,
dann möcht ich nur noch singen.
Ich möchte dich mein Leben lang
für deine Liebe lieben
und mich üben im Dienen
und im Dank,
weil du uns treu geblieben.

2. Herr, geh ich durch die große Stadt / vorbei an Haus und Wagen, / dann seh ich, alle sind so satt / und möchte nur noch fragen: / Wo geht der Weg hin, den du führst? / Wie können wir bestehen? / Lass dich sehen, / denn was du nur berührst / wird deine Wege gehen.

3. Herr, geh ich durch die große Stadt / und sehe, wer gelitten / und wer vereinsamt, krank und matt, / dann möcht ich nur noch bitten: / Mach mich zum Werkzeug deiner Kraft, / um deinen guten Willen / zu erfüllen / durch gute Nächstenschaft, / als Erntedank im Stillen.

4. Herr, geh ich durch die große Stadt / vorbei an deinen Kindern, / dann bitt ich dich: Weck uns zur Tat / und mach uns zu Verkündern. / Dass du der Herr der Erde bist, / das wollen wir bezeugen / und uns beugen. / Lass uns, was Liebe ist / in unserm Leben zeigen.

Melodie: EG 343, „Ich ruf zu dir, Herr Jesu Christ"

Vertrauen wächst

1. Herr, Gott, wie schön ist deine Welt,
   wie hast du alles wohl bestellt
   mit Kräften und mit Gaben.
   Es überblüht sich in der Flur
   du überschüttest die Natur
   mit allem, was wir haben.
   Bewahre uns vor Frevlerhand
   und mach uns dankbar für dein Land,
   für deine gute Erde,
   dass in der ganzen Menschenwelt
   Vertrauen wächst und Glaube hält
   und neuer Frieden werde.

Melodie: EG 76, „O Mensch, bewein dein Sünde groß"

Wir singen unser Lied

1. Herr, Gott, wir sin-gen un-ser Lied,
dass al-le Welt den Glau-ben sieht,
den du uns hast ge-ge-ben.
Er steht am An-fang die-ser Welt
und ist von dir dort-hin ge-stellt
als Spie-gel dei-ner Hän-de.
Und al-les, was auf Er-den ist,
steht, fällt im Na-men Je-sus Christ,
in des-sen Macht kein En-de.

So un-sicht-bar du uns auch scheinst,
so sicht-bar ist, wie du es meinst
in Chris-tus, un-serm Le-ben.

Melodie: EG 76, „O Mensch, bewein dein Sünde groß"

Weil unser Gott den Frieden will

1. Weil un-ser Gott den Frie-den will, stand einst sein Kreuz auf Er-den. Bis heu-te ist die Welt nicht still und kann zum Kreuz-weg wer-den. Be-ruf uns zu Frie-dens-trä-gern.

2. Weil unser Gott das Leben schenkt, / will er es auch bewahren / und sucht den Diener, der bedenkt, / was er an Heil erfahren. / Beruf uns zu Lebenshütern.

Melodie: EG 421, „Verleih uns Frieden gnädiglich"

Wir brauchen eine Koalition der Gutwilligen, damit aus dem Text der Weihnachtsgeschichte die Melodie des Friedens wird.

Wahrheit benennen, Glauben bekennen

1. Mei-ne Ge-dan-ken, voll Lob und Dan-ken, wol-len er-klin-gen, sa-gen und sin-gen dir, gu-ter Va-ter, ein ein-zi-ges Lied. Ju-beln und Prei-sen in Wor-ten und Wei-sen, Dich-ten und Den-ken von dei-nen Ge-schen-ken, die mei-ne See-le in Dank-bar-keit sieht.

2. Bunt und erregend, / Träume bewegend / singen die Welten, / dein Wort soll gelten, / Herr Gott und Vater, ein strahlendes Lied. / In hellen Klängen / und tausend Gesängen / dir musizieren, / aus Dank jubilieren, / mit deiner Schöpfung, die jubelt und blüht.

3. Meine Gedanken / voll Lob und Danken / sollen es wagen, / singen und sagen / dir, guter Vater, ein einziges Lied. / In Takt und Noten aus deinen Geboten / Wahrheit benennen und Glauben bekennen, / wie es seit Menschengedenken geschieht.

Melodie: EG 449, „Die güldne Sonne voll Freud und Wonne"

Ein anderes Volkslied

1. Kein schö-ner Land in die-ser Zeit als hier das uns-re weit und breit. Kein Zei-ten - en - de, nur Got-tes Hän - de in E - wig - keit. Kein Zei - ten - en - de, nur Got-tes Hän - de in E - wig-keit.

2. Wie haben wir so manche Stund / gesessen da in froher Rund. / So lasst uns singen, ein Loblied bringen mit Herz und Mund! / So lasst uns singen, ein Loblied bringen mit Herz und Mund!

3. Wir suchen Gottes guten Rat, / der uns so fest getragen hat. / Er mag es schenken, er mag es lenken, Gott hat die Gnad. / Er mag es schenken, er mag es lenken, Gott hat die Gnad.

4. Auch in des Lebens letzter Nacht / der Herr im hohen Himmel wacht / In seiner Güten uns zu behüten, ist er bedacht. / In seiner Güten uns zu behüten, ist er bedacht.

Melodie: „Kein schöner Land"

Segne unsre Hände

1. Seg - ne un - ser Dorf, dass wir fried - lich
(uns - re Stadt,)
und uns al - le - zeit hel - fen und ver -
le - ben
ge - ben. Dir ge-hört die Welt, du leihst
uns die Zei - ten; wollst uns, Herr, be -
glei - ten un - ter dei - nem Zelt.

2. Segne unser Dorf (unsre Stadt), reich sind deine Gaben, / die wir jeden Tag zur Verfügung haben. / Segen, der wie Licht Dunkel kann erhellen / und in dichten Wellen alle Angst zerbricht.

3. Segne unser Dorf (unsre Stadt), stärke unsre Seelen, / dass wir unser Land dir neu anbefehlen. / Segne dieses Fest, lass uns mutig hoffen / freundlich sein und offen, was uns leben lässt.

4. Segne unser Dorf (unsre Stadt), Geber aller Güter; / füll mit deinem Geist Herzen und Gemüter. / Lehr uns Dankbarkeit, segne unsre Hände / bis ans Lebensende und in Ewigkeit.

Melodie: EG 170, „Komm, Herr, segne uns"
Dieter Trautwein 1978 © Strube Verlag, München–Berlin

Jeder wird zum Licht

1. Herr, die ganze Welt leihst du uns zum Leben. / Schenkst uns deine Kraft, willst uns Hoffnung geben. / Jeder wird zum Licht kann von Liebe strahlen / mit ihr hell bemalen Seele und Gesicht.

2. Herr, die Lebenszeit leihst du uns zum Leben; / schenkst uns deinen Sohn, willst uns Glauben geben. / Jeder wird dein Kind, kann von Frieden singen / und ihn dahin bringen, wo die Nöte sind.

3. Glaube, Traum und Tat sind ein Regenbogen / deiner Herrlichkeit, bunt und schön gezogen. / Halte deinen Geist über deiner Erde, / dass es Frieden werde, wie du ihn verheißt.

4. Dass wir Arche sind, wollen wir erhoffen; / heller Lebensraum, freundlich, klar und offen; / offen für die Zeit, offen für das Leben. / Beten und vergeben bis in Ewigkeit.

Melodie: EG 170, „Komm, Herr, segne uns"
Dieter Trautwein 1978 © Strube Verlag, München–Berlin

Du hüllst uns ein in helle Kraft

1. Herr, schen-ke uns die klei-nen Zei-chen,
da - mit sie un - ser Herz er - rei-chen,
Sig - na - le für dein Wort und Reich,
die See - le und den Sinn zu - gleich.
Du hüllst uns ein in hel - le Kraft
und spen-dest Licht, das Le - ben schafft.

2. Du selbst greifst ein in deine Erde / und sprichst wie einst am ersten Tag, / dass aus der Saat die Ernte werde, / wie lange es auch dauern mag. / Verleih uns Hoffnung und Geduld / und deinen Geist in unsrer Schuld.

3. Doch alle Saat braucht guten Regen / und Sonne braucht, was wachsen soll. / Wir brauchen deinen guten Segen / und deine Hände, reich und voll. / So segne uns in unsrer Zeit; / dein ist das Reich in Ewigkeit.

Melodie: EG 369, „Wer nur den lieben Gott lässt walten"

Guter Gott, zeig uns das Ziel

1. Klei - ne Ker - zen ge - ben Licht mit - ten in den Dun - kel - hei - ten.
Je - des Zei - chen hat Ge - wicht mit - ten in den schwe - ren Zei - ten.
Gu - ter Gott, gib uns die Kraft, die aus Ängs - ten Hoff - nung schafft.

2. Kleine Worte geben Halt / mitten in den Dunkelheiten. / Jede Geste wird Gestalt / mitten in den schweren Zeiten. / Guter Gott, gib uns den Geist, / der uns neue Wege weist.

3. Kleine Taten geben Sinn / mitten in den Dunkelheiten. / Kleine Schritte mittendrin / wirken in den schweren Zeiten. / Guter Gott, zeig uns das Ziel, / dass sich unsre Zeit erfüll.

Melodie: EG 331, „Großer Gott, wir loben dich"

Wenn viele kleine Menschen an vielen kleinen Orten viele kleine Schritte tun, können sie die Welt verändern.

(Afrikanisches Sprichwort)

Deine Gnade hilft

1. Unsre bunte Welt hast du uns geliehen, / dass wir überall uns um sie mühen. / Lieber Gott, dein Licht brauchen wir zum Leben; / Lieben und Vergeben, bis dein Tag anbricht.

2. Unsre gute Zeit hast du uns verliehen / dass wir allezeit uns um sie bemühen. / Lieber Gott, dein Lied brauchen wir zum Leben; / Lieben und Vergeben, bis dein Wort geschieht.

3. Unsre schwache Kraft hast du uns verziehen. / Deine Gnade hilft, dass wir uns bemühen. / Lieber Gott, dein Geist führt uns in das Leben; / Lieben und Vergeben, bis es Frieden heißt.

4. Unsre kleinste Tat willst du, Herr, schon segnen, / wenn wir im Gebet deinem Wort begegnen. / Lieber Gott, dein Glanz hilft uns durch die Zeiten, / wird uns stets begleiten, heute und einst ganz.

Melodie: EG 170, „Komm, Herr, segne uns"
Dieter Trautwein 1978 © Strube Verlag, München–Berlin

Lieder zum Leben als Christ

Wenn deine Engel mich begleiten

1. Halt mich nur stets auf dei-nen We-gen, dass ich sie

ge - he Schritt für Schritt. Ich weiß ge-wiss ich bin im

Se - gen und fin - de Halt, denn du gehst mit.

Wenn dei-ne En - gel mich be-glei-ten, ist Hoff-nung

da und neu-er Mut. So führst du mich zu neu-en

Zei - ten; ich le - be gern in dei-ner Hut.

2. Lehr mich, an deine Worte denken, / schreib sie mir tief in meinen Sinn. / Du überraschst mich mit Geschenken / obwohl ich oft voll Zweifel bin. / Du willst mich führen und mich leiten / vom Anfang bis zu meinem Tod. / Du öffnest mir die Ewigkeiten / Ich danke dir, mein guter Gott.

3. In deiner Liebe kann ich leben, / die grenzenlos voll Wunder ist. / Du willst mir deinen Segen geben, / weil du selbst voller Liebe bist. / Zeig mir auf allen meinen Wegen / den Grund der Hoffnung und das Ziel. / Komm meinem Pilgerweg entgegen, / damit sich meine Zeit erfüll.

Norwegisches Pilgerlied
Melodie: Rainer Rafalsky

Offen sei ein jedes Haus

1. Auf den Straßen unsrer Zeit, dicht am Rest der Träume suchen Menschen Menschlichkeit, helle Hoffnungsträume. Gib, dass ich ein Nächster bin, Liebe nicht versäume.

2. Nehmt euch als Geschwister an; / Gott will euch erleben. / Was ein jeder hat und kann, / kann er liebend geben. / Gott zu Lob und Gott zu Dank, / Wort und Stimme heben.

3. Offen sei ein jedes Haus, / auch für fremde Schritte. / Gott geht selber ein und aus, / ist in unsrer Mitte, / schickt uns Engel insgeheim / Liebe wird zur Bitte.

4. Liebe lebt nicht nur im Wort, / will mich neu bewegen. / Gott ist da in Zeit und Ort / auf den Menschenwegen, / schenkt in seiner Zärtlichkeit / unserm Alltag Segen.

5. Menschensohn und Menschenkind / wollen sich verbinden / da wo Menschen hilflos sind / und sich helfend finden. / Gott lässt sich in Leid und Trost / aller Welt verkünden.

Steigt der Stern in dunkler Nacht
Melodie: Peter Spangenberg © Strube Verlag, München–Berlin

Beruf uns in die neue Zeit

1. Gott, Vater unsers Herren Christ,
der du zur Welt gekommen bist,
komm auch in unsre Mitte.
Gib zu erkennen, was du willst,
womit du unsre Herzen füllst,
erhöre unsre Bitte.
Sende, spende dein Gelingen
unserm Singen, unserm Beten,
deinen Auftrag zu vertreten.

2. Herr Christ, du Heiler aller Welt, / zeig uns den Weg, der dir gefällt, / dass wir Geschwister werden. / Beruf uns in die neue Zeit, / die dir gehört in Ewigkeit, / im Himmel und auf Erden. / Alles, alles, was an Gaben wir nur haben, dir zu leben / wollen wir den Menschen geben.

3. Gott, heilger Geist und Lebenskraft, / der in uns alles Leben schafft, / befreie uns vom Bösen. / Gib uns die Weisung für die Welt, / damit es ja an uns nicht fehlt, / die Herzen zu erlösen. / Senke, schenke dein Gebieten in das Beten, dass wir wagen, / aller Welt dein Wort zu sagen.

Melodie: EG 70, „Wie schön leuchtet der Morgenstern"

Kinder beim Abendmahl

2. Segne alle, Groß und Klein. / Halleluja. / Lass uns deine Kinder sein. / Halleluja.

3. Lieber Gott, du bist jetzt hier. / Halleluja. / Alle kommen nun zu dir. / Halleluja.

4. Jeder ist dein Kind und Gast, / Halleluja, / weil du uns gerufen hast. / Halleluja.

5. Lieber Gott, wir sind jetzt hier. / Halleluja. / Alle, alle danken dir. / Halleluja.

6. Danke, dass du uns so liebst, / Halleluja, / und uns deine Gaben gibst./ Halleluja.

Melodie: „Michael, row the boat ashore"

Ganz leise will ich singen

1. Suchst du den Sinn des Le - bens in deiner kleinen Zeit, verlier dich nicht vergebens in Hast und Traurigkeit.

2. Vom Anfang im Gefüge / der Welt und ihrer Kraft / gab Gott uns zur Genüge, / was Sinn und Hoffnung schafft.

3. Besinn dich auf die Würde, / für ihn ein Mensch zu sein; / versteh es nicht als Bürde, / fühlst du dich viel zu klein.

4. Den Kleinen gab er Güte / in ihre Seelen ein, / auf dass er sie behüte, / in Freiheit Mensch zu sein.

5. Dein Traum von Recht und Liebe / ist Gottes Gut und Geist. / Befrag dein Herz und übe, / was du schon heute weißt.

6. Bring deine Angst und Sorgen / in diesen guten Traum, / dann wird aus gestern morgen / und Zeit zum Lebensraum.

7. Ganz leise will ich singen / in meiner kleinen Zeit / und Gott mein Echo bringen / in Tat und Zärtlichkeit.

Melodie: EG 8, „Es kommt ein Schiff geladen"

Wo Menschen so Gemeinde sind

1. In Christus gibt's kein Ost und West, nicht Süden oder Nord. Er hält uns als Geschwister fest, hier und an jedem Ort.

2. Wo Menschen so Gemeinde sind, / entsteht ein festes Band, / ein Bund, der tiefen Sinn gewinnt / aus Gottes guter Hand.

3. Seid einig, Freunde, glaubt daran, / ganz gleich auch, wer ihr seid, / dass nur die Liebe binden kann / in Zeit und Ewigkeit.

4. In Christus ist die ganze Welt / verbunden und vereint. / Er ist's, der uns zusammen hält / als Bruder und als Freund.

Melodie: EG 322, „Nun danket all und bringet Ehr";
Text: Übertragung von „In Christ there is no East or West"

Nach dem Vermächtnis Christi ist Einheit die Gabe, Einigkeit die Verpflichtung und Einheitlichkeit die Gefahr.

Spüren, was Vertrauen heißt

1. Ich möchte in der Schöpfung leben
als Mensch mit allem, was ich bin.
Ich möchte meine Kräfte geben
für Hoffnung, Traum und Lebenssinn.
Wer hilft mir, diesen Weg zu gehen,
den Gott doch allen Menschen weist?
Ich möchte meine Welt verstehen
und spüren, was Vertrauen heißt.

2. Helft mir, das Leben aufzuspüren, / denn trotz der Ängste ist noch Zeit. / Wir dürfen keine Zeit verlieren, / denn alle Zeit ist Ewigkeit. / Helft mir beim Beten, dass wir siegen. / Helft mir beim Singen für die Welt. / Lasst Angst und Skepsis stehn und liegen, / denn sinnvoll lebt nur, wer sich stellt.

3. Ich möchte meinen Nächsten lieben / in Glauben, Denken, Reden, Tat / Helft mir, mich darin einzuüben, / wie man sich selber auch bejaht. / Herr Gott, lass uns Gemeinde werden, / schließ uns in deine Hoffnung ein, / mach uns zu Zeichen hier auf Erden / und lass uns deine Spiegel sein.

Melodie: „Wie groß ist des Allmächtgen Güte"

Stärke unsern kleinen Mut

1. Herr, wir leben in der Welt
dicht am Wort, das uns erhält,
dicht an Hoffnung, dicht am Brot,
dicht am Dunkel, dicht am Tod.

2. Zwischen Rätsel, Sinn und Glück / als Geschwister im Geschick / stehn im Zwielicht unsrer Zeit / vor dem Glanz der Ewigkeit.

3. Wer dies Lied singt, singt sein Leid, / steht zu Schutz und Tat bereit, / sieht die Leere, sieht die Nacht, / ist auf deinen Schutz bedacht.

4. Komm in unsre Traurigkeit / im Signal der Osterzeit, / füge Zweifel und Gefühl / in dein helles Lebensziel.

5. Stärke unsern kleinen Mut, / dass er in uns Wunder tut. / Lass uns in dem Ja und Nein / wirkliche Gefährten sein.

Melodie: EG 504, „Himmel, Erde, Luft und Meer"

Siehe, ich bin bei euch

1. Sie - he, ich bin bei euch heu - te
   dass ich euch die Wahr - heit deu - te

und in al - le E - wig - keit,
in der Welt und für die Zeit.

Kommt, spricht Chris - tus, folgt mir nach,

seid barm - her - zig und seid wach.

2. Siehe, ich bin bei euch heute / und in alle Ewigkeit. / Wer sich bis zur Stunde scheute, / mache sich nun dienstbereit. / Gott ruft euch in seine Welt, / dass ihr seinen Gruß bestellt.

3. Siehe, ich bin bei euch heute / und in alle Ewigkeit. / Seid doch fröhlich, ruft die Leute / in den Frieden für die Zeit. / Gebt die Freude und den Dank / sinnvoll weiter lebenslang.

4. Siehe, ich bin bei euch heute / und in alle Ewigkeit. / Wer sich über Gott so freute / strahlt davon zu aller Zeit, / fügt sein Leben ins Gebot / teilt die Liebe, teilt das Brot.

Melodie: EG 445, „Gott des Himmels und der Erden"

Gott vertritt dein Recht

1. Gottes gutes Recht gilt auf Erden allen. Sei der Wahrheit Knecht, hilf, wo Menschen fallen; Gott vertritt dein Recht.

2. Gottes gutes Recht / gibt der Zukunft Segen. / Sei der Wahrheit Knecht, / dass auf deinen Wegen / Gott erweist sein Recht.

3. Gottes gutes Recht, / das er uns geboten, / gilt dem Weltgeschlecht, / Lebenden und Toten; / gut ist Gottes Recht.

4. Gottes gutes Recht / ist das Recht des Lebens. / Sei der Wahrheit Knecht, / dass du nicht vergebens / betest um dies Recht.

Melodie: EG 409, „Gott liebt diese Welt"
Walther Schulz 1962/1970 © Strube Verlag, München–Berlin

Gottes Recht scheint so weit weg, so unerheblich, so himmlich und eben nicht irdisch. Also müssen wir dafür sorgen, dass es das wird.

Versteck dich nicht

1. Ver-steck dich nicht in dei-nem Schwei-gen,
denn wenn du schweigst, wächst stän-dig dei-ne Schuld.
Denn so will es der Chris-tus für die Welt,
den Gott zu Wort und Han-deln aus-er-wählt.

Der Glau-be muss die Kräf-te zei-gen
von Hoff-nung, Lie-be, Frei-heit und Ge-duld.

2. Wo Menschen keine Stimme haben, / da sei du ihnen Mund und Wort zugleich / und widme ihnen deine Gaben, / so schaffst du Hoffnung mitten im Bereich, / wo harte Fronten schicksalhaft bestehn; / dann wirst du Gott auf deiner Seite sehn.

3. Wo Menschen keine Hilfe finden, / da sei du ihnen Hand und Tat in eins / und hilf, die Wunden zu verbinden; / du trägst ihr Leben so, als wär es deins. / In diesem Tausch trägst du des Andern Last, / weil du den Sinn der Liebe in dir hast.

4. Wo Menschen keine Wege sehen, / da sei du ihnen Wink und Tür zur Zeit; / hilf ihnen neue Wege gehen, / begleite sie und sei zum Schritt bereit, / der im Geflecht von Angst und totem Mut / die Freiheit bringt als Gottes größtes Gut.

Melodie: EG 328, „Dir, dir, o Höchster, will ich singen"

Wo Gott wirkt, herrscht Leben

1. Christen sind das Salz der Erde,
dass die Wahrheit gültig werde
Christen sind das Licht der Welt,
und die Lebenszeit erhellt.
Denn wo Gott wirkt, da herrscht Leben,
da ist Hoffnung, da ist Glanz;
da wird auch mein Leben ganz,
das er mir doch nur gegeben
im Vertrauen auf mein Ja
und die Zeit mir aussah.

2. Herr, mach uns zum Salz der Erde, / Herr, mach uns zum Licht der Welt, / dass die Wahrheit gültig werde / und die Lebenszeit erhellt. / Lass uns wirken für das Leben, / lass uns strahlen für das Glück, / Einheit finden Stück für Stück, / Menschen deine Liebe geben / durch Versöhnung, Wort und Mut, / der in deinem Frieden ruht.

Melodie: EG 325, „Sollt ich meinem Gott nicht singen"

Sei mit uns

1. Ist's nicht uns-re Gegenwart,
die oft uns-re Herzen narrt?
For-dert uns-re Kraft her-aus und macht
doch nur Schwä-che draus. Sei mit uns, Herr!

2. Täglich die Verlegenheit: / Wie erfüll' ich meine Zeit? / Überdruss und Angebot / machen unsre Herzen tot. / Sei mit uns, Herr!

3. Täglich lauert der Verdacht, / dass ich alles falsch gemacht. / Illusion und Träumerei / sind des Tages Einerlei. / Sei mit uns, Herr!

4. Täglich dann dieselbe Flucht, / die die falsche Ruhe sucht. / Falsche Freiheit, falsche Sicht / machen, dass dann alles bricht. / Sei mit uns, Herr!

5. Ist's nicht deine Gegenwart, / Herr, die uns davor bewahrt, / dass wir diesem Zug der Zeit / auch verfalln durch Eitelkeit? / Sei mit uns, Herr!

6. Darum heute dies Gebet, / das auf deinen Worten steht. / Unsre Fehler uns verzeih, / mach uns wach und mach uns frei. / Sei mit uns, Herr!

Melodie: EG 263, „Sonne der Gerechtigkeit"

Dein Engel komm hernieder

2. Nur Gnade ist das Leben / ist Gottes ganze Kraft / In Liebe und Vergeben / in treuer Hüterschaft / Wohl unterm Regenbogen / des Friedens tief in mir / hab ich sooft erwogen: / Mein Gott, wie dank ich dir / Ich singe meine Lieder / ich spreche mein Gebet / Dein Engel komm hernieder / wenn meine Zeit vergeht.

3. Die Seele spannt die Flügel / der Glaube spricht sich aus / Mein Leben trägt dein Siegel / Bei dir bin ich zu Haus / Mein Gott, du kennst die Tränen / du hast sie ja gemacht / ich will mich an dich lehnen / bis mein Herz wieder lacht / Lasst bunte Klänge klingen / wo Schatten sind und Tod / die Schöpfung zu besingen / wie Gott es uns gebot.

Melodie: Leonhard Emil Bach

Schenke meinem Leben Sinn

1. Herr, schenk uns Geborgenheit
aus dem Glanz der Ewigkeit
trotz der Sorgen uns'rer Zeit.

2. Schenke meinem Glauben Kraft, / dass er liebend wirkt und schafft / und an deinem Worte haft'.

3. Schenke meinem Herzen Mut, / dass es deinen Willen tut / und in deinen Händen ruht.

4. Schenke meiner Hand ein Ziel, / dass sie Hilfe bringen will / und so andre Hände füll'.

5. Schenke meinem Leben Sinn, / aus dem Leiden den Gewinn, / dass ich frei und dankbar bin.

6. Vater, nimm uns wieder an / was auch immer wir getan, / Vater, nimm uns wieder an.

Melodie: EG 128, „Heilger Geist, du Tröster"

Sei mir ein Engel in der Not

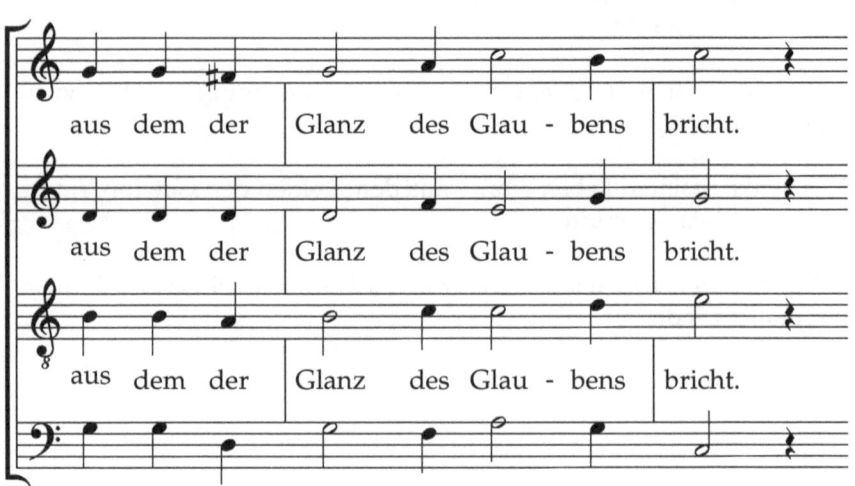

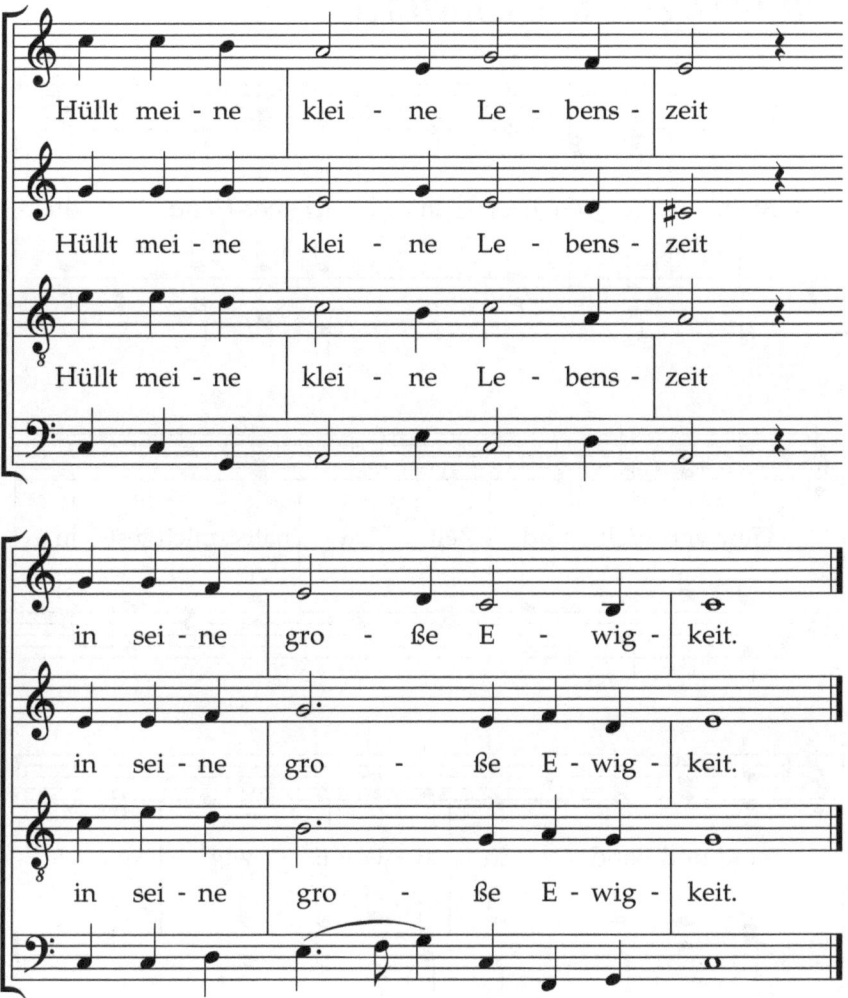

2. Gott ist für mich ein Raum aus Licht, / aus dem der Strahl der Liebe bricht. / Nimmt Herz und Seele und Verstand / in seine gute Vaterhand.

3. Gott ist für mich ein Raum aus Licht, / aus dem die Kraft der Hoffnung bricht. / Sei mir ein Engel in der Not; / du bist mir nah, mein guter Gott.

Melodie: EG 437, „Die helle Sonn leucht jetzt herfür"

Du bringst mir Zukunft

1. Mein Leben liegt in deiner Hand, du Herr von Welt und Zeit. Du hältst mich fest in Bund und Band in alle Ewigkeit.

2. Ich bin getauft und sage Ja / mit allem, was ich bin. / Ich weiß, du bist stets für mich da, / gibst meinem Leben Sinn.

3. Du bist mein Schutz, du bist mein Deich, / bist Halt und Fundament. / Du machst mir Herz und Seele reich / wie Feuer leuchtend brennt.

4. Du bringst mir Zukunft, schenkst mir Halt; / du lenkst mir meinen Schritt / und deine Wahrheit wird Gestalt; / du gehst mein Leben mit.

5. In allem Kleinen bist du groß, / machst dich im Großen klein. / Hältst mich als Kind in deinem Schoß, / lässt mich behütet sein.

6. Du gibst dem Denken Ziel und Raum, / machst Hände frei zur Tat. / Du segnest mir Gefühl und Traum; / nimmst an dich, was ich bat.

7. So singe ich dir meinen Dank. / Halt meinen Glauben fest, / der mich als Mensch ein Leben lang / bei dir zu Haus sein lässt.

Melodie: EG 322, „Nun danket all und bringet Ehr"

Das Wesen eines Fundaments besteht darin, dass es alles trägt, obwohl man es nicht sieht – Geheimnis des Glaubens.

Geh mit auf meinen Wegen

1. Ich neh-me, Herr, mein Le-ben / aus dei-ner gu-ten Hand. / Ich neh-me al-le Zei-ten / als ein Ge-schenk von dir / und dan-ke dir da-für.

Du hast es mir ge-ge-ben, / be-vor ich dich ge-kannt. / ... / aus dei-nen E-wig-kei-ten / ...

2. Nun nimm auch du mein Leben / aus Herz und Sinn und Hand. / Ich hab es dir gegeben / in Obhut und als Pfand. / Geh mit auf meinen Wegen, / dein Frieden sei mir Kraft. / Ich möchte mich bewegen / im Dienst, der Hoffnung schafft.

Melodie: EG 452, „Er weckt mich alle Morgen"
Rudolf Zöbeley 1941 © mundorgel Verlag GmbH, Köln/Waldbröl

So wollen wir Geschwister sein

1. Wir wol-len al-le Knech-te sein und dir, Herr, Treu-e zei-gen. / Wir tre-ten für die Rech-te ein, die du uns gabst zu Ei-gen; in uns-rer glau-bens-lee-ren Zeit die Ga-be der Ge-bor-gen-heit, der Hoff-nung und der Lie-be.

2. Wir wollen alle Brüder sein / und unsern Glauben leben / und unsers Bruders Hüter sein, / das wollest du uns geben. / Der Glaube, der nicht liebt, ist tot. / So bitten wir dich, Herr und Gott: / Schenk unserm Glauben Leben.

3. Wir wollen alle Knechte sein / und kräftig Hand anlegen; / nicht trügerisch Gerechte sein / und doch die Hand nicht regen. / Herr, rüst uns aus in unsrer Zeit / zu treuer, froher Mitarbeit, / in die du uns berufen.

4. So wollen wir Geschwister sein / und wahre Liebe leben, / denn wer nicht liebt, der lässt allein / und bleibt allein trotz Streben. / Wir bitten dich, Herr Jesu Christ, / dass da, wo Liebe nötig ist / es ja an uns nicht fehle.

5. Wir wollen Knecht und Bruder sein, / um Jesu Christi willen; / im Schiff des Herrn wie Ruder sein, / die ihren Dienst erfüllen. / Weil dieses Schiff Gemeinde heißt, / die deinen Namen allzeit preist: / Hilf uns, Gemeinde bauen.

Melodie: EG 341, „Nun freut euch, lieben Christen g'mein"

Sprich dein Wort

1. Herr, wir haben leere Hände, fülle sie mit deiner Kraft.
Komm zu uns auch jetzt und sende deinen Geist, der Leben schafft.
Führe uns in deinem Licht deine Wahrheit zu Gesicht.

2. Herr, wir öffnen unsre Seelen, / fülle sie mit deinem Heil. / Lass es uns an Mut nicht fehlen, / werde du zu unserm Teil. / Sprich dein Wort, das uns erhellt / für das Leben deiner Welt.

Melodie: EG 445, „Gott des Himmels und der Erden"

Wer nicht ausräumt, kann nicht möblieren. Volle Hände, besetzte Gedanken, überfüllte Herzen können nichts aufnehmen.
Sehr einfach, aber unendlich schwer.

Ein Tag ist uns entstanden

1. Ein Licht ist uns ent-zün-det und leuch-tet durch die Welt. Ein Licht ist uns ver-kün-det, ein Licht, das uns er-hellt durch Gottes große Gabe in-mit-ten uns-rer Zeit, da-mit ein je-der ha-be, was bleibt in E-wig-keit; da-mit ein je-der ha-be, was bleibt in E-wig-keit.

2. Ein Wort ist neu gesprochen / in unser Herz hinein/ die wir das Wort gebrochen. / Es will uns Stimme sein, / zu reden von den Taten / die Gott an uns getan, |: will uns in allem raten / was so mit ihm begann. :|

3. Ein Weg ist uns gewiesen, / der führt durch tiefes Land/ Gott sagt: Es gibt nur diesen / in meine Vaterhand. / Es ist der Weg zum Kinde, / zum Stall in Davids Stadt |: und jeder, dass er finde / den Stern zum Zeichen hat. :|

4. Ein Tag ist uns entstanden, / die wir – dem Sterne nah – / so unsern Herren fanden, / der uns mit dem versah, / was uns so sehr vonnöten: / Mit Liebe und mit Kraft, I: den Vater anzubeten, / der in uns Leben schafft. :I

5. Licht, Wort, Weg, Tag und Leben / bist du, Herr Jesus Christ. / Du hast dich uns gegeben / mit allem, was du bist. / Wir wollen davon singen / mit Freude und mit Dank I: und uns dir dafür bringen / zum Dienst ein Leben lang. :I

Melodie: „Freut euch, ihr lieben Christen"
Leonhard Schröter 1587

Unser Leben braucht einen Kompass, damit wir die Richtung erkennen und das Leben bewahren.

Wir wollen träumen

1. Suchen und Finden, Wahrheit verkünden, ohne Bedenken, ohne zu kränken, ist unser herrliches, großes Mandat. Gott in den Zeiten, wer will das bestreiten! Gott in den Welten, dein Wille soll gelten; kein Wenn und Aber und ohne Verrat.

2. Wir wollen träumen, / niemals versäumen / Liebe und Leben, / helfend vergeben, / wahrhaftig leben, wie Gott es gefällt. / Freiheit und Frieden, / von Christus beschieden; / So lasst uns hoffen. / Die Zukunft steht offen, / Zukunft für Menschen und Schöpfung und Welt.

Melodie: EG 449, „Die güldne Sonne voll Freud und Wonne"

Wir leben für Heil und Frieden

2. Wir danken dir, Herr, / wir loben dich, Gott. / Du hast uns Leben beschieden. / Verleih uns die Kraft, / die Glauben schafft. / Wir leben für Heil und Frieden. / Verleih uns die Kraft, / die Glauben schafft. / Wir leben für Heil und Frieden.

3. Die Erde ist groß, / die Erde ist schön. / Du hast uns Wunder beschieden. / Verleih uns die Kraft, / die Hoffnung schafft. / Wir leben für Heil und Frieden / Verleih uns die Kraft, / die Hoffnung schafft. / Wir leben für Heil und Frieden.

4. Das Leben ist reich, / das Leben ist tief. / Du hast uns Freiheit beschieden. / Gott, gib uns die Kraft, / die Liebe schafft. / Wir leben für Heil und Frieden. / Gott, gib uns die Kraft, / die Liebe schafft. / Wir leben für Heil und Frieden.

Melodie: EG 171, „Bewahre uns, Gott"
Anders Ruuth (um 1968) 1984 „La paz del señor" © Carus-Verlag, Stuttgart

Mache uns zum Weg bereit

1. Alles Leben kommt von dir, Herr, wir danken dir dafür. Füg den Glauben fest und dicht, mache uns zu Salz und Licht.

2. Dass wir wirken in der Welt, / dass dein Wort durch uns erzählt. / Jeder Mensch hat seinen Wert, / den er durch dein Wort erfährt.

3. Dass wir leuchten in der Zeit, / mache uns zum Weg bereit. / Lass uns strahlen voller Glut, / voller Hoffnung, voller Mut.

4. Nimm auch unsre Ängste an, / stärke uns und spreng den Bann. / Alles Leben kommt von dir, / Herr, wir danken dir dafür.

Melodie: EG 504, „Himmel, Erde, Luft und Meer"

Der Wert eines Menschen wird in dem Maß erkennbar, wie er liebt und sich lieben lässt.

Geh mit auf meinen Wegen
(Das Vaterunser)

1. Mein Vater in dem Himmelreich,
liebst deine Menschen alle gleich.
Es komm dein Reich in diese Welt,
damit dein Geist die Welt erhellt.

2. In allem, was wir Menschen sehn, / soll nur dein Wille noch geschehn; / wie es bei dir im Himmel ist, / bis deine Erde Himmel ist.

3. Hilf uns in unsrer Alltagsnot / und schenk uns unser täglich Brot. / Trag uns, o Gott, mit viel Geduld / in unsrer großen Menschenschuld.

4. Wir spenden Frieden aller Welt, / die uns in Hass gefangen hält. / Lass uns im Sog nicht untergehn. / Herr, lass uns deine Wahrheit sehn.

5. Dein ist das Reich, dein ist die Kraft, / die immer neues Leben schafft. / Dein ist die große Herrlichkeit. / Das Amen gilt in Ewigkeit.

Melodie: EG 193, „Erhalt uns, Herr, bei deinem Wort"

Lieder zum Bekenntnis des christlichen Glaubens

Ich bin gern ein Christ

2. Ich bin gerne Christ, trage seinen Namen; / der mein Heiland ist, sage Ja und Amen, / wo er freundlich spricht: / Kommt und lasst euch segnen. / Ich will euch begegnen; / ich verlass euch nicht.

3. Ich bin gerne Christ, trage seinen Namen, / der mein Hüter ist, sage Ja und Amen, / wo er Hoffnung schenkt, Zukunft zu beginnen / und mit Herz und Sinnen mich zum Leben lenkt.

4. Ich bin gerne Christ, liebe diesen Namen. / Weil es Ehre ist, sag ich Nein und Amen, / wo der Hass regiert, Hass und seine Erben, / menschliches Verderben, das die Welt verführt.

Melodie: EG 170, „Komm, Herr, segne uns"
Dieter Trautwein 1978 © Strube Verlag, München–Berlin

Wenn unser Leben Antwort gibt

1. Ich glaube: Gott ist Herr der Welt, der Leben gibt und Treue hält. Er fügt das All und birgt die Zeit, mein Vater in der Ewigkeit.

2. Ich glaube: Gott hat ihn erwählt, / den Sohn, den Christus für die Welt. / Damit die Wahrheit allen gilt, / hat er sein Werk am Kreuz erfüllt.

3. Ich glaube: Gottes Schöpfermacht / hat uns den Ostersieg gebracht, / denn alles, was mein Glaube sieht, / spricht seine Sprache, singt sein Lied.

4. Ich glaube: Gott will Menschen sehn, / die ganz auf seiner Seite stehn. / Sein Abendmahl in Brot und Wein / lädt alle Welt zur Hoffnung ein.

5. Ich glaube: Meine Taufe weist / auf Gottes Wirken durch den Geist. / Ich seh im Spiegel seiner Schrift / die Wahrheit, die mein Leben trifft.

6. Wenn unser Leben Antwort gibt / darauf, dass Gott uns Menschen liebt, / wächst Gottes Kirche in der Zeit, / die durch ihn seine Welt befreit.

Melodie: EG 184, „Wir glauben Gott im höchsten Thron"
Christian Lahusen (vor 1945) 1948 © Bärenreiter-Verlag, Kassel

Beschenk uns neu mit deiner Kraft

1. Mein Gott und Vater, Schöpfer, Herr:
Das Lied erklingt zu deiner Ehr.
Dein Ruf geht durch der Zeiten Lauf
und tut den Weg zum Leben auf.

2. An diesem Tag in deiner Zeit / mach uns für diesen Ruf bereit, / damit wir deine Wahrheit sehn / und fest in der Gemeinde stehn.

3. Dein Schöpferwerk in seiner Pracht / hat uns die bunte Welt gebracht. / Doch haben wir, was uns bewegt, / oft schlechte Hand ans Werk gelegt.

4. Wir sehn die Not in jedem Land. / Wir sehn, die Not nimmt überhand. / Gequält sind Mensch und Kreatur / obwohl die Welt dein Wort erfuhr.

5. In Christi Namen sind wir hier, / in seinem Geiste bitten wir: / Beschenk uns neu mit deiner Kraft, / die aus uns neue Menschen schafft.

Melodie: EG 440, „All Morgen ist ganz frisch und neu"

Lieder zum Kirchenjahr

Wir reiten mit den Weisen

1. Hoch über allen Welten erglänzt ein heller Stern, dass Friede möge gelten, die Gnade unsers Herrn.

2. Hoch über allen Zeiten / erstrahlt ein helles Licht; / will uns mit Kraft begleiten, / die alle Angst zerbricht.

3. Tief unter allem Bangen / erscheint ein heller Strahl; / hat's Leuchten angefangen / zu Bethlehem im Stall.

4. Tief unter allen Nächten / erglüht ein heller Schein; / trotzt allen dunklen Mächten / will Halt und Hilfe sein.

5. Wir reiten mit den Weisen / im Glauben bis zum Stern. / Lasst uns das Christkind preisen; / das Fest ist nicht mehr fern.

Melodie: EG 8, „Es kommt ein Schiff geladen"

Was die Weisen aus dem Morgenland betrifft, jene gelehrten Leute von der Universität in Babylon – ein Wunder, dass sie am Kind in der Krippe begriffen: Gott ist da!

Singt doch, Menschen

1. Ü-ber al-ler Last der Zei-ten wird es licht. Fürcht dich nicht. Gott will dich be-glei-ten. Freut euch, Men-schen, freut euch al-le, denn es gilt: Gott er-füllt uns sein Wort im Stal-le.

2. Über aller Last der Zeiten / wird es licht. Fürcht dich nicht. / Gott will dich bereiten. / Hört doch, Menschen, hört die Kunde: / Gott befreit uns im Leid; / das ist seine Stunde.

3. Über aller Last der Zeiten / wird es licht. Fürcht dich nicht. / Gott will dich erstreiten. / Seht doch, Menschen, seht das Leben: / Wunder tat Gottes Rat, / uns den Sohn zu geben.

4. Über aller Last der Zeiten / wird es licht. Fürcht dich nicht. / Lass dich davon leiten. / Singt doch, Menschen, singt mit Schalle / unserm Herrn; denn sein Stern / führt auch uns zum Stalle.

5. Über aller Last der Zeiten / wird es licht. Fürcht dich nicht. / Lasst es uns verbreiten: / Geht doch Menschen, lasst euch senden. / Seht die Not, teilt das Brot. / Helft mit Herz und Händen.

Melodie: EG 36, „Fröhlich soll mein Herze springen"

In Bethlehem, im armen Stall

1. Du Chris-ten-mensch, nimm dei-nen Mut, ver-künde in der Welt, dass Gott, der gro-ße Wun-der tut, sich uns zur Sei-te stellt, sich uns zur Sei-te stellt.

2. Du Christenmensch, nimm deine Kraft, / verkünde in der Zeit, / dass Gott, der große Werke schafft, / sich zeigt in Herrlichkeit, / sich zeigt in Herrlichkeit.

3. Du Christenmensch, nimm deinen Dank, / verkünde in der Stadt, / dass Gott, der durch die Ängste drang, / für jeden Hoffnung hat, / für jeden Hoffnung hat.

4. Du Christenmensch, nimm deine Tat, / verkünde in der Not, / dass Gott, der große Taten tat, / noch jedem Hilfe bot, / noch jedem Hilfe bot.

5. In Bethlehem, im armen Stall, / im Kind für alle Welt, / hat Gott den Menschen überall / die Liebe überstellt, / die Liebe überstellt.

6. So will ich in der Christenheit / mit Mut und Kraft und Dank / die Liebe zeigen allezeit / für Gott ein Leben lang, / für Gott ein Leben lang.

Melodie: EG 27, „Lobt Gott, ihr Christen alle gleich"

Die neue Zeit bricht an

1. Das Jahr neigt sich dem Ende, die Kerzen spenden Licht. Ich falte meine Hände und neige mein Gesicht.

2. Das Jahr neigt sich zur Wende, / die Zeit scheint fast erfüllt. / Ich falte meine Hände / die Zukunft scheint verhüllt.

3. Das Jahr neigt sich dem Ende, / die Nacht verschluckt den Tag. / Ich falte meine Hände, / weil ich sonst nichts vermag.

4. Du Geber aller Zeiten, / schenk mir auch meine Zeit, / ein neues Jahr mit Weiten / und jedem Tag ein Kleid.

5. Das Jahr neigt sich zur Wende, / die neue Zeit bricht an. / Ich falte meine Hände, / bis so dein Tag begann.

Melodie: EG 8, „Es kommt ein Schiff geladen"

Warum messen wir die Zeit nach Länge und Dauer? Warum nicht nach Tiefe und Höhe, nach Intensität?

Kennst du die Menschen

1. Kennst du die Menschen hinter Zweifeln, / die sich so oft im Kreise drehn? / Und kennst du die, die sie verteufeln, / weil sie sich selbst als Mitte sehn? / Besinne dich auf Gottes Geist, / der dich an alle Menschen weist.

2. Kennst du die Menschen hinter Schmerzen, / die mit der Angst alleine sind? / Und kennst du die, die tief im Herzen / das gar nicht merken, taub und blind? / Besinne dich auf Gottes Kraft, / die auch aus Steinen Brote schafft.

3. Kennst du die Menschen, die sich flüchten / aus Schmerz und großer Alltagsnot? / Kennst du die Menschen hinter Süchten / ganz ohne Mensch und ohne Gott? / Besinne ich auf Gottes Wort, / es setzt die Freiheit ein und fort.

4. Kennst du die Menschen hinter Gittern, / mit Schuld und schuldlos abgetrennt? / Und kennst du die, die sie verbittern, / weil nach der Zeit sie keiner kennt? / Besinne dich auf Gottes Hand, / die Menschen immer neu verband.

Melodie: EG 369, „Wer nur den lieben Gott lässt walten"

Mein Leben ist ein Fest

1. Von Gott kommt diese Kunde: / Mein Leben ist ein Fest, / als hohes Unterpfand / aus Gottes Schöpferhand, / das mich in jeder Stunde / mein leben feiern lässt, / die mich in dieser / Welt begleitet, trägt und hält.

2. Gott gibt mir meinen Namen, / er sagt mir, wer ich bin. / Er steckt den Lebensrahmen / und gibt dem Leben Sinn. / Mein Kummer und mein Glück, / mein Alltag, mein Geschick / sind mitten in der Zeit / ein Stück der Ewigkeit.

3. Die Freiheit, neu zu leben, / geborgen und geliebt, / hast du mir, Herr, gegeben / wie nur der Schöpfer gibt. / Verleih mir nun die Kraft, / die liebend weiter schafft. / Lass mich ein Werkzeug sein, / setz mich zum Zeichen ein.

4. Vom Tod bist du erstanden, / Herr Christus, für die Welt. / Die Kräfte, die mich banden, / sind an dem Sieg zerschellt. / Mein Leben ist ein Fest! / Was mich das glauben lässt, / ist Gottes große Kraft, / die neues Leben schafft.

Melodie: EG 112, „Auf, auf, mein Herz, mit Freuden"

Wir singen mit und glauben gern

1. Zu Pfingsten singt die Christenheit vom Inhalt neuer Christuszeit, von Hoffnung und von Frieden.
Wir singen mit und glauben gern dem Geist des Christus, unsers Herrn; er hat für uns entschieden:
Das Leben ist der höchste Wert und ist es noch so tief versehrt, ihm gilt das Tun und Wollen. So heilt die Wahrheit unsern Sinn und führt uns zur Erkenntnis hin, wie Christen leben sollen.

2. Wenn das für uns Bekenntnis ist, / an dem sich unser Glaube misst, / dann wollen wir bekennen: / Die Welt gehört der Schöpferhand / und jeder, der zum Schöpfer fand / wird seine Taten nennen. / Dass Mut entsteht, wo Ängste sind / und Bruderschaft; denn Hass macht blind. / Wir aber wollen sehen. / Wir folgen dem, der auferstand / in Treue und in Widerstand, / lasst uns zum Leben stehen.

Melodie: EG 127, „Jauchz, Erd und Himmel, juble hell"

Lieder zum Lauf des Lebens

Gottes Engel ist bei dir
(Taufe)

2. Kind, wir singen für dein Leben / und wir wünschen dir viel Kraft. / Möge Gott dir Hoffnung geben, / die stets neue Kräfte schafft. / Lerne fühlen, lerne denken; / Gott will dir die Taufe schenken, / schickt den Engel auch zu dir, / schickt den Engel auch zu dir.

3. Kind, wir danken für dein Leben / und wir wünschen dir viel Mut. / Möge Gott dir Liebe geben / unter seiner guten Hut. / Lerne lieben und vergeben, / lerne deine Welt erleben. / Gottes Engel ist bei dir, / Gottes Engel ist bei dir.

Melodie: EG 511, „Weißt du, wie viel Sternlein stehen"

Danke für dieses Menschenkind
(Taufe)

1. Dan-ke, Herr, Gott, für dei-ne Treu-e. Dan-ke für die-sen gro-ßen Tag. Dan-ke, dass ich mich stets aufs Neu-e dan-kend freu-en mag.

2. Danke für das Geschenk des Lebens. / Danke für alle Lebenszeit. / Danke, ich glaube nicht vergebens / bis in Ewigkeit.

3. Danke für dieses kleine Leben. / Danke für dieses Wunder Kind. / Danke, dass wir ihm Hoffnung geben, / weil wir Eltern sind.

4. Danke für dieses kleine Wesen. / Danke für deine Schöpferkraft. / Danke, bewahr es vor dem Bösen, / dass es den Weg schafft.

5. Danke für deinen Glanz und Segen. / Danke für dieses Menschenkind. / Danke, dass wir auf seinen Wegen / seine Paten sind.

6. Danke für deine Lebensgaben. / Danke für dieses schöne Fest. / Danke, dass wir die Hoffnung haben, / die uns leben lässt.

Melodie: EG 334, „Danke für diesen guten Morgen"
Martin Gotthard Schneider (1961) 1963 © Gustav Bosse Verlag, Kassel

Christus sei dein Leben
(Taufe)

1. Klei-ner Mensch, Got-tes Kind, Se-gen sei dei Le-ben. Du bist klein, Gott ist dein, wird im Le-ben bei dir sein.

2. Kleiner Mensch, unser Kind, / Liebe sei dein Leben. / Du bist klein, Gott ist dein, / wird dir Ziel und Richtung sein.

3. Kleiner Mensch, kleines Kind, / Wahrheit sei dein Leben. / Du bist klein, Gott ist dein, / wird dir Schutz und Obhut sein.

4. Kleiner Mensch, Gottes Kind, / Frieden sei dein Leben. / Du bist klein, Gott ist dein, / wird dein Licht und Zeichen sein.

5. Kleiner Mensch, unser Kind, / Christus sei dein Leben. / Du bist klein, Gott ist dein, / wird dein Freund und Vater sein.

6. Kleiner Mensch, kleines Kind, / Freiheit sei dein Leben. / Du bist klein, Gott ist dein, / wird dein Grund und Glaube sein.

7. Kleiner Mensch, Gottes Kind, / Hoffnung sei dein Leben. / Du bist klein, Gott ist dein, / wird dir Halt und Hilfe sein.

Melodie: EG 507, „Himmels Au, licht und blau"

Hör deinen Namen
(Taufe)

1. Menschenkind, Wunder, hör deinen Namen,
wenn wir dich taufen in Gottes Licht.
Spür Gottes Segen, spür unsre Liebe;
lerne zu leben deutlich und dicht.

2. Menschenkind, Segen, hör unsre Stimmen, / wenn wir dich taufen, weil Gott dich rief. / Spür seine Gnade, spür unsre Hände; / lerne zu lieben, dankbar und tief.

3. Menschenkind, Leben, hör Gottes Weisung, / wenn wir dich taufen in seinem Geist. / Spür seine Güte, spür unsre Treue; / lerne zu glauben, was er verheißt.

Melodie: EG 455, „Morgenlicht leuchtet"

Wunder sind Geschenke aus Gottes Hand, vor denen die menschliche Sprache versagt.

Ein Wunder ist geschehen
(Taufe)

1. Ein Wun-der ist ge-sche-hen, / Wir stau-nen und ge-ste-hen: / du Kind aus Got-tes Hand. / Du bist sein Un-ter-pfand, / voll Lä-cheln und voll Le-ben, / voll Neh-men und voll Ge-ben. Ja, du bist sein Ge-schenk.

2. Im Spiegel deiner Augen / sehn wir die neue Zeit. / Wird sie für Menschen taugen? / Ist sie für dich bereit? / Für Glauben und für Hoffen? / Steht sie für dich auch offen / bis in die Ewigkeit?

3. Die Kräfte deiner Seele / sind für das Leben gut. / Entscheide dich und wähle / die Liebe und den Mut. / Den Mut zu neuen Wegen, / dem Horizont entgegen, / mit Menschen deiner Wahl.

4. Die Taufe soll dir zeigen, / was wir für dich erflehn: / Vor Gott sich zu verneigen / und seine Wege gehn. / Die Wege seiner Wahrheit / in Ehrfurcht und in Klarheit. / Wir segnen dich voll Dank.

Melodie: EG 67, „Herr Christ, der einig Gotts Sohn"

Zeig uns, Herr, wohin wir gehen
(Konfirmation)

2. Zeig uns, Herr, wohin wir gehen, / auch wer wir sind, und wo wir stehen, / dass unser Leben Sinn erhält. / Sei du selbst für uns das Zeichen, / der Weg, die Kraft, dass wir erreichen, / was Jesus Christus aufgestellt. / Gehorsam deinem Wort; / bereit, an jedem Ort, / dir zu leben. / Herr, stell uns ein, dir treu zu sein, / denn du bist unser Gott allein.

Melodie: EG 147, „Wachet auf, ruft uns die Stimme"

Zeig die Hoffnung an
(Konfirmation)

1. Komm, Herr, und nimm mich in die Pflicht, den Frieden zu gestalten. Komm, Herr, und zeige mir dein Licht, das Leben zu verwalten. Gib mir in mein Gewissen ein, immer im Dienst des Heils zu sein, mein Ja auch durchzuhalten.

2. Komm, Herr, und hilf durch alle Not, / auch hinter den Kulissen, / dass Menschen nicht das täglich Brot / und nicht dein Wort vermissen. / Lass uns erkennen, wie du führst, / weil du längst alle Sehnsucht spürst, / bevor wir richtig wissen.

3. Komm, Herr, und zeig die Hoffnung an, / das helle Licht zum Leben. / Du triffst die Herzen offen an / zum Hoffen und zum Geben. / Sprenge doch unsern Vorbehalt; / gib unserm Leben die Gestalt / vom Weinstock und den Reben.

Melodie: EG 346, „Such, wer da will, ein ander Ziel"

Nimm uns in deinen großen Plan
(Konfirmation)

1. Du gibst uns, Herr, die Lebenszeit. Du strahlst im Glanz der Ewigkeit. Du gibst dem Leben Ziel und Sinn. Du sprichst dein Wort wie zu Beginn. Schenk uns die Kraft, zu dir zu stehn, damit wir deine Wege gehn.

2. Lass unser Leben Echo sein. / Lass deine Liebe uns befrein, / damit uns Hoffnung und Geduld / erneuern in der Alltagsschuld, / dass in Erfüllung und Gefahr / dein Wort uns prägt in Tag und Jahr.

3. Nimm uns in deinen großen Plan / und fang mit uns schon heute an, / der Welt zu zeigen, dass dein Licht / sich spiegelt und die Ängste bricht, / wo alles deinen Namen nennt / und sich zu deinem Wort bekennt.

Melodie: EG 344, „Vater unser im Himmelreich"

Auf allen unsern Wegen
(Trauung)

2. Sei mir zu allen Zeiten / gut Freund und gut Gesell. / Ich will dich treu begleiten / zu jeder Zeit und Stell. / Die Zukunft wird uns beiden / dann weit und offen stehn, / wenn wir in Glück und Leiden / den Sinn im Leben sehn.

3. Auf allen unsern Wegen / halt mich fest an der Hand. / Dann wird für uns zum Segen, / was uns im Ja verband. / Ich freu mich auf die Jahre, / auch Hoffnung stellt sich ein, / dass ich einst noch erfahre, / mit dir dann alt zu sein.

4. Lass Dankbarkeit stets blühen, / auch Zärtlichkeit und Takt, / wenn tägliches Bemühen / uns die Geduld versagt. / Wohl aufeinander warten, / wie Liebende es tun. / Dann wird auf unserm Garten / ein guter Segen ruhn.

Melodie: Johann Sebastian Bach

Wir glauben und wir hoffen
(Trauung)

1. Danke, o Herr, für deinen Segen. Danke, mein Gott, für alles Gut. Danke, dass wir auf unsern Wegen Hoffnung spürn und Mut.

2. Danke, für alle Menschentreue. / Danke, für die Vergangenheit. / Danke, dass wir auch jetzt aufs Neue / Hoffnung sehn und Zeit.

3. Danke, dass wir dies Fest erleben. / Danke, für Liebe als Geschenk. / Danke, du willst uns Zukunft geben / deiner eingedenk.

4. Danke, dass Menschen uns geleiten. / Danke, dass unser Weg sich fand. / Danke, du willst uns ja begleiten / unter deiner Hand.

5. Danke, für alles Wunderbare. / Danke, für manche Schwierigkeit. / Danke, ich liebe und erfahre / Glanz und Herrlichkeit.

6. Danke, die Zukunft steht uns offen. / Danke, für deine schöne Welt. / Danke, wir glauben, und wir hoffen / wie es dir gefällt.

Melodie: EG 334, „Danke für diesen guten Morgen"
Martin Gotthard Schneider (1961) 1963 © Gustav Bosse Verlag, Kassel

Segne die Liebe
(Trauung)

1. Seg-ne die Lie - be, seg-ne das Le - ben.
Gib dei-nen Se - gen in un-ser Ja.
Sei uns-re Ob - hut, sei uns-re Stüt - ze.
Herr, sei uns Rich - tung, sei uns ganz nah.

2. Dankbarkeit leuchtet in unsern Herzen. / Dankbarkeit schenkt uns Hoffnung und Zeit. / Schenke uns Glauben, schenke uns Frieden; / Herr, sei uns gnädig, sei uns Geleit.

3. Segne die Menschen, die wir so lieben. / Segne die Erde, sei unser Grund. / Hilf uns im Alltag, zeig uns die Wege; / Herr, sei uns Rückhalt für unsern Bund.

4. Worte verhallen, Klänge verklingen, / Tränen versiegen, Liebe hält stand. / Lass uns erkennen, dass wir nur leben, / weil deine Gnade uns tief verband.

Melodie: EG 455, „Morgenlicht leuchtet"

Du hast uns reich beschenkt
(Trauung)

2. Wir haben uns gesucht, gefunden / und haben unser Ja gesagt; / in dunklen und in hellen Stunden / und unser Leben neu gewagt. / Herr Gott, du hast uns reich beschenkt / und unser beider Weg gelenkt.

3. Du gabst uns Zuspruch und den Segen, / du gabst uns Hoffnung, Kraft und Mut. / Begleite uns auf unsern Wegen, / dann leben wir in guter Hut. / Herr Gott, du hast den Grund gelegt / und unser beider Herz bewegt.

4. Du gabst uns Menschen an die Seite, / das macht das Leben tief und rund. / Du gibst uns Hoffnung und viel Weite / und malst den Horizont so bunt. / Herr Gott, du hast den Grund gelegt / und unser beider Herz bewegt.

Melodie: EG 369, „Wer nur den lieben Gott lässt walten"

Du hast dein Licht entzündet
(Lebensende)

1. Dan-ke für das ge-leb-te Le-ben. Dan-ke, mein Gott, für al-le Zeit. Dan-ke, du willst uns Hoff-nung ge-ben bis in E-wig-keit.

2. Danke für alle frohen Stunden. / Danke für jeden Augenblick. / Danke, wir haben viel empfunden, / viel von Sinn und Glück.

3. Danke für deinen reichen Segen. / Danke für jeden neuen Tag. / Danke, dass stets auf unsern Wegen / deine Nähe lag.

4. Danke für all die guten Jahre. / Danke für die Gemeinsamkeit / Danke, das Leben blieb das Wahre / ohne Einsamkeit.

5. Danke, du hast uns Kraft gegeben, / Nachbarn und manchen guten Freund. / Danke, wir konnten oft erleben, / was das Leben eint.

6. Danke, du hast dein Licht entzündet / mitten in allem Abschiedsleid. / Danke, mit jedem, der empfindet/ Glanz der Ewigkeit.

Melodie: EG 334, „Danke für diesen guten Morgen"
Martin Gotthard Schneider (1961) 1963 © Gustav Bosse Verlag, Kassel

In Ewigkeit ist alles gut
(Lebensende)

Wir wan-dern durch un-ser Le-ben;
mit Hoff-nung, mit Traum und Ge-päck.
Wir mü-hen uns ab und wir stre-ben
und fra-gen nach Ziel, Sinn und Zweck.

2. Uns ist unsre Zeit nur geliehen, / befristet, belastet, voll Leid. / Und doch hält sie hinter den Mühen / viel Tiefe und Schönheit bereit.

3. Wir freun uns an dem, was wir haben / und denken gern Jahre zurück, / denn Gott überrascht uns mit Gaben / und segnet das innere Glück.

4. So kommt unser Leben ans Ende; / es wartet die Ewigkeit / und Gottes bergende Hände / geleiten uns heim aus der Zeit.

5. Der Abschied geschieht unter Tränen, / doch Dankbarkeit stärkt uns den Mut. / Wir glauben, was alle ersehnen: / In Ewigkeit ist alles gut.

Melodie: „Ich bin durch die Welt gegangen"
Karl Kuhlo 1885

Lieder zum Morgen und zum Abend

Mach uns bereit zum Schenken

1. Hab Dank für die Geschenke, / Herr, die du uns gemacht. / Ganz tief in uns versenke / bei Tage und bei Nacht / den Sinn für deine Welt, / in der du uns zum Leben / den Glauben hast gegeben, / dein Licht, das uns erhellt.

2. Wenn wir dir heute Morgen / mit unserm Wort und Lied, / Herr, danken für das Sorgen / das uns von dir geschieht, / nimm unser Beten an. / Nimm uns in deine Hände, / dann nimmt ein gutes Ende, / was einst mit dir begann.

3. Lass uns an andre denken, / die nie von dir gehört. / Mach uns bereit zum Schenken / bei Menschen, die beschwert, / belastet sind und fern, / dass wir zu Nächsten werden / in Worten und Gebärden/ als Hände unsers Herrn.

Melodie: EG 443, „Aus meines Herzens Grunde"

Schenk mir, Herr, ein neues Morgen

1. Ich danke Gott für meinen Sinn;
dass ich ein Mensch der Schöpfung bin,
das habe ich erfahren.
Neue Treue will ich singen
und ihm bringen aus den Sorgen.
Schenk mir, Herr, ein neues Morgen.

Mein Leben ist auf ihn geprägt.
Er hat in mich hineingelegt
die Zeit nach Sinn und Jahren.
Neue Treue will ich singen
und ihm bringen aus den Sorgen.
Schenk mir, Herr, ein neues Morgen.

Melodie: EG 70, „Wie schön leuchtet der Morgenstern"

Guten Morgen, lieber Gott

1. Ich reibe mir den Schlummer aus den Augen. Guten Morgen, lieber Gott; guten Morgen, lieber Gott. Ich reibe mir den Schlummer aus den Augen. Ich bin ja so froh!

2. Ich recke meine Hände in den Himmel. / Guten Morgen, lieber Gott, / guten Morgen, lieber Gott. / Ich recke meine Hände in den Himmel. / Ich bin ja so froh.

3. Ich stecke meine Nase in die Blumen. / Guten Morgen, lieber Gott, / guten Morgen, lieber Gott. / Ich stecke meine Nase in die Blumen. / Ich bin ja so froh.

4. Ich halte meine Füße in den Regen. / Guten Morgen, lieber Gott, / guten Morgen, lieber Gott. / Ich halte meine Füße in den Regen. / Ich bin ja so froh.

5. Ich singe meine Freude in die Sonne. / Guten Morgen, lieber Gott, / guten Morgen, lieber Gott. / Ich singe meine Freude in die Sonne. / Ich bin ja so froh.

6. Ich pflücke mit der Seele bunte Träume. / Guten Morgen, lieber Gott, / guten Morgen, lieber Gott. / Ich pflücke mit der Seele bunte Träume. / Ich bin ja so froh.

7. Wir leben unter deinem Regenbogen. / Guten Morgen, lieber Gott, / guten Morgen, lieber Gott. / Wir leben unter deinem Regenbogen. / Wir sind ja so froh.

Melodie: Peter Spangenberg

Gottes Sonne kommt bestimmt

1. Drau-ßen weht der A-bend-wind mü-de durch die Bäu-me. Gu-te Nacht, mein lie-bes Kind, wünsch dir gu-te Träu-me. Got-tes En-gel geht zur Nacht lei-se durch die Räu-me.

2. Mach nun beide Augen zu, / Dunkel will uns decken. / Alle Kinder gehn zur Ruh, / wolln sich müde strecken. / Gottes Sonne kommt bestimmt, / wird dich morgen wecken.

3. Dieser Tag war wunderbar. / Lass uns daran denken, / dass er voller Wunder war, / randvoll mit Geschenken. / Komm, wir beten für die Welt. / Gott wird alles lenken.

Melodie: Peter Spangenberg © Strube Verlag, München–Berlin

Engel sind die Anwesenheit Gottes inkognito.

Stell deine Engel um das Haus

1. An dieses Tages Ende geb ich in deine Hände, mein Gott, die ganze Last. Ich bitte dich um Segen, den du mir allerwegen versprochen und verliehen hast.

2. An dieses Tages Ende / geb ich in deine Hände, / mein Gott, das ganze Glück. / Ich geb dir alle Stunden / die kranken und gesunden / in deine gute Hand zurück.

3. Wie dieser Tag begonnen, / so ist er bald zerronnen / und war doch dein Geschenk. / Lass mich dir dankbar bleiben. / Hilf mir, die Angst vertreiben, / stets deiner Güte eingedenk.

4. Nun mag die Nacht auch kommen. / Die Lichter sind verglommen. / Die Seele ruht nun aus. / Behüte meine Lieben; / lass sie nichts Arges trüben; / stell deine Engel um das Haus.

Melodie: EG 482, „Der Mond ist aufgegangen"

Der Dankbare gibt seine Zeit zurück, denn sie war nur geliehen. Wer zurückgibt, wird frei für den neuen Tag.

Segne alle, die ich liebe

1. Dieser Tag geht nun zu Ende und ich wünsch mir eine gute Nacht. Leise falte ich die Hände, dass ein Engel gütig mich bewacht. Segne alle, die ich liebe; halt sie fest in deiner guten Hand, dass ihr Herz sich nicht betrübe sondern deine Liebe fand.

2. Lieber Gott, ich wünsch mir gute Träume. / Du bist groß, und ich bin doch so klein. / Hilf mir, dass ich nichts versäume, / und wenn doch, dann hole du mich ein. / Ja, ich freu mich schon auf morgen, / wenn der Tag mit neuer Sonne lacht. / Ich vertrau dir alle meine Sorgen. / Noch ein Küsschen! Und nun Gute Nacht.

Melodie: „Guter Mond, du gehst so stille"

Ich brauche deinen Segen

1. Der Tag neigt sich dem En-de, be-rührt schon sei-ne Nacht. Da fal-te ich die Hän-de. Herr, Gott, halt du die Wacht.

2. Die Stunden sind zerronnen / wie Wasser schnell verrinnt. / Ich träume fast versonnen / von meiner Zeit als Kind.

3. Da war noch alles offen / und kühn der kleine Mut. / Das Leben war voll Hoffen / und jeder Tag tat gut.

4. Jetzt messe ich die Zeiten / nach Länge und Gewicht. / Dein Engel soll mich leiten / in Wahrheit und ins Licht.

5. Der Tag neigt sich dem Ende, / der Morgen ist nicht weit. / Da falte ich die Hände, / dicht an der Ewigkeit.

6. Der Wind singt seine Lieder, / die Seele rollt sich ein. / Der neue Tag wird wieder / Gewand und Mühsal sein.

7. Ich brauche deinen Segen, / mein Gott, mein Schutz und Halt. / Auf allen meinen Wegen / gibst du der Zeit Gestalt.

Melodie: EG 347, „Ach, bleib mit deiner Gnade"

Der Morgen bringt dir neue Zeit

2. Ich wünsch dir eine gute Ruh, / dass Gott dir alles Gute tu. / Sein Segen komme über dich / in dieser Nacht und ewiglich.

3. Nun schlaf und hol dir neue Kraft / von Gott, der alles Leben schafft. / Der Morgen bringt dir neue Zeit / in Hoffnung und Geborgenheit.

Melodie: EG 155, „Herr Jesu Christ, dich zu uns wend"

Verzeichnis der Lieder

In Klammern angegeben sind die Lieder, zu deren Melodie die neuen Texte entstanden sind.

Auf allen unsern Wegen	85
Beruf uns in die neue Zeit (EG 70 „Wie schön leuchtet der Morgenstern")	33
Beschenk uns neu mit deiner Kraft (EG 440 „All Morgen ist ganz frisch und neu")	63
Bewahre, Herr, den Tag (EG 321 „Nun danket alle Gott")	15
Christus sei dein Leben (EG 507 „Himmelsau, licht und blau")	79
Danke für dieses Menschenkind (EG 334 „Danke für diesen guten Morgen")	78
Dein Engel komm hernieder	44
Deine Gnade hilft (EG 170 „Komm, Herr, segne uns")	27
Der Morgen bringt dir neue Zeit (EG 155 „Herr Jesu Christ, dich zu uns wend")	101
Die neue Zeit bricht an (EG 8 „Es kommt ein Schiff geladen")	70
Du bringst mir Zukunft (EG 322 „Nun danket all und bringet Ehr")	48
Du hast dein Licht entzündet (EG 334 „Danke für diesen guten Morgen")	89
Du hast uns reich beschenkt (EG 369 „Wer nur den lieben Gott lässt walten")	88
Du hüllst uns ein in helle Kraft (EG 369 „Wer nur den lieben Gott lässt walten")	25
Ein anderes Volkslied („Kein schöner Land")	22
Ein Tag ist uns entstanden („Freut euch, ihr lieben Christen")	53
Ein Wunder ist geschehen (EG 67 „Herr Christ, der einig Gotts Sohn")	81
Erfüll mein Herz mit deinem Geist (EG 6 „Ihr lieben Christen, freut euch nun")	13
Ganz leise will ich singen (EG 8 „Es kommt ein Schiff geladen")	35
Geh ich durch die große Stadt (EG 343 „Ich ruf zu dir, Herr Jesu Christ")	17
Geh mit auf meinen Wegen (EG 452 „Er weckt mich alle Morgen")	50
Geh mit auf meinen Wegen – Das Vaterunser (EG 193 „Erhalt uns, Herr, bei deinem Wort")	58
Gott vertritt dein Recht (EG 409 „Gott liebt diese Welt")	40
Gottes Engel ist bei dir (EG 511 „Weißt du, wie viel Sternlein stehen")	77
Gottes Sonne kommt bestimmt	96
Guten Morgen, lieber Gott	95
Guter Gott, zeig uns das Ziel (EG 331 „Großer Gott, wir loben dich")	26
Hör deinen Namen (EG 455 „Morgenlicht leuchtet")	80
Ich bin gern ein Christ (EG 170 „Komm, Herr, segne uns")	61
Ich brauche deinen Segen (EG 347 „Ach, bleib mit deiner Gnade")	100
In Bethlehem, im armen Stall (EG 27 „Lobt Gott, ihr Christen alle gleich")	69
In Ewigkeit wird alles gut („Ich bin durch die Welt gegangen")	90
Jeder wird zum Licht (EG 170 „Komm, Herr, segne uns")	24
Kennst du die Menschen (EG 369 „Wer nur den lieben Gott lässt walten")	71
Kinder beim Abendmahl („Michael row the boat ashore")	34
Mach uns bereit zum Schenken (EG 443 „Aus meines Herzensgrunde")	93
Mache uns zum Weg bereit (EG 504 „Himmel, Erde, Luft und Meer")	57
Mein Leben ist ein Fest (EG 112 „Auf, auf, mein Herz, mit Freuden")	72

Nimm uns in deinen großen Plan (EG 344 „Vater unser im Himmelreich")	84
Offen sei ein jedes Haus („Steigt der Stern in dunkler Nacht")	32
Schenk mir, Herr, ein neues Morgen (EG 70 „Wie schön leuchtet der Morgenstern")	94
Schenke meinem Leben Sinn (EG 128 „Heilger Geist, du Tröster")	45
Segne alle, die ich liebe („Guter Mond, du gehst so stille")	99
Segne die Liebe (EG 455 „Morgenlicht leuchtet")	87
Segne unsre Hände (EG 170 „Komm, Herr, segne uns")	23
Sei mir ein Engel in der Not (EG 437 „Die helle Sonne leucht herfür")	46
Sei mit uns (EG 263 „Sonne der Gerechtigkeit")	43
Siehe, ich bin bei euch (EG 445 „Gott des Himmels und der Erden")	39
Singt doch, Menschen (EG 36 „Fröhlich soll mein Herze springen")	68
So wollen wir Geschwister sein (EG 341 „Nun freut euch, lieben Christen g'mein")	51
Solang die Erde noch besteht (EG 279 „Jauchzt, alle Lande")	16
Sprich dein Wort (EG 445 „Gott des Himmels und der Erden")	52
Spüren, was Vertrauen heißt („Wie groß ist des Allmächtgen Güte")	37
Stärke unsern kleinen Mut (EG 504 „Himmel, Erde, Luft und Meer")	38
Stell deine Engel um das Haus (EG 482 „Der Mond ist aufgegangen")	97
Versteck dich nicht (EG 328 „Dir, dir, o Höchster will ich singen")	41
Vertrauen wächst (EG 76 „O Mensch, bewein dein Sünde groß")	18
Wahrheit benennen, Glauben bekennen (EG 449 „Die güldne Sonne")	21
Weil unser Gott den Frieden will (EG 421 „Verleih uns Frieden gnädiglich")	20
Wenn deine Engel mich begleiten	31
Wenn unser Leben Antwort gibt (EG 184 „Wir glauben Gott in höchstem Thron")	62
Wir beten für Vertrauen (EG 16 „Die Nacht ist vorgedrungen")	11
Wir glauben und wir hoffen (EG 334 „Danke für diesen guten Morgen")	86
Wir leben für Heil und Frieden (EG 171 „Bewahre uns, Gott")	56
Wir öffnen unsre Hände (EG 243 „Lob Gott getrost mit Singen")	14
Wir reiten mit den Weisen (EG 8 „Es kommt ein Schiff geladen")	67
Wir singen mit uns glauben gern (EG 127 „Jauchz, Erd und Himmel, juble hell")	73
Wir singen unser Lied (EG 76 „O Mensch, bewein dein Sünde groß")	19
Wir wollen träumen (EG 449 „Die güldne Sonne")	55
Wo Menschen so Gemeinde sind (EG 322 „Nun danket all und bringet Ehr")	36
Wo Gott wirkt, herrscht Leben (EG 325 „Sollt ich meinem Gott nicht singen")	42
Zeig die Hoffnung an (EG 346 „Such, wer da will ein ander Ziel")	83
Zeig uns, Herr, wohin wir gehen (EG 147 „Wachet auf, ruft uns die Stimme")	82

Singt von Hoffnung
Neue Lieder für die Gemeinde

280 Seiten | Hardcover
ISBN 978-3-374-02590-9
EUR 9,80 [D]

»Singt von Hoffnung« enthält 135 neue Lieder für eine lebendige Gottesdienstgestaltung. Damit wird das sächsische Gesangbuch ergänzt und gleichzeitig dem gesamten deutschsprachigen Raum eine neue zusammenhängende Liedsammlung zur Verfügung gestellt. Manche neuen Melodien werden sich schnell einprägen. Lieder, die bisher in Jungen Gemeinden und zu Jugendgottesdiensten gesungen wurden, werden mit einer Instrumentalbegleitung leichter im Gottesdienst der Gesamtgemeinde heimisch werden und eine Brücke zwischen den Generationen bauen. Viele Lieder sind auch zum Singen mit Kindern und für Familiengottesdienste geeignet.

Begleitend erscheinen ein Tastenbegleitbuch (zu beziehen über den Strube Verlag) und ein Bläserheft (direkt über die sächsische Landeskirche erhältlich).

EVANGELISCHE VERLAGSANSTALT
Leipzig www.eva-leipzig.de